Martin Kaule

Peenemünde

Vom Raketenzentrum zur Denkmal-Landschaft

ORTE DER GESCHICHTE
CH. LINKS VERLAG

Alle aktuellen Fotos, sofern nicht gesondert ausgewiesen, stammen vom Autor.
Bundesarchiv: S. 7 (RH8II B0788-42 BSM), 11 (146-1978-030-02), 13 (146-1975-117-26/Lysiak), 33 (183-P0912-0015/Jürgen Sindermann), 40 (183-1991-0826-302/Wolgast)
Stefan Büttner, Berlin: S. 34
Historisch-Technisches Museum Peenemünde: S. 19, 21, 24, 30, 44, 45, 49
REK Gemeinde Peenemünde: S. 60
ullstein bild, Berlin: S. 27
Christopher Volle, Freiburg: vordere Umschlaginnenseite

Die Deutsche Nationalbibliothek verzeichnet diese Publikation in der Deutschen Nationalbibliografie; detaillierte bibliografische Daten sind im Internet über www.dnb.de abrufbar.

4., aktualisierte Auflage, 2022

Die Erstausgabe erschien 2014 im Christoph Links Verlag GmbH.
www.christoph-links-verlag.de
Prinzenstraße 85, 10969 Berlin
Umschlaggestaltung unter Verwendung zweier Fotos vom Historisch-Technischen Museum Peenemünde, 2012 (Martin Kaule)
Satz: Nadja Caspar, Ch. Links Verlag, Berlin
Lektorat: Dr. Stephan Lahrem, Berlin
Druck und Bindung: Graspo CZ, Zlín

ISBN 978-3-86153-764-9

Inhalt

Einleitung

Die Insel Usedom mit ihren bekannten Kaiserbädern Heringsdorf, Bansin und Ahlbeck ist seit Ende des 19. Jahrhunderts eine beliebte Urlaubsregion. Durch die Nähe zu Berlin und die gute Eisenbahnanbindung wurden die Ostseestrände Usedoms bald zur »Badewanne der Hauptstädter«.

Drei Jahre nach der »Machtergreifung« der Nationalsozialisten war es mit dem touristischen Treiben auf der Insel teilweise vorbei. 1936 wurde die Nordspitze Usedoms rund um das 1282 erstmals urkundlich erwähnte Fischerdorf Peenemünde zum militärischen Sperrgebiet erklärt. Abgeschottet von der Außenwelt, entstand dort das Zentrum der deutschen Raketentechnik. Ein Team von Wissenschaftlern, unter ihnen Wernher von Braun, testete und entwickelte dort neuartige Fern- und Raketenwaffen, die vor allem gegen englische Städte zum Einsatz kommen sollten.

Auch nach dem Untergang des »Dritten Reiches« durften Zivilisten die Gegend um Peenemünde nicht betreten. Noch mehr als vier Jahrzehnte nutzten Militärs das Gebiet – zunächst die Rote Armee, die Usedom im Mai 1945 besetzt hatte, ab den 1950er Jahren die Nationale Volksarmee (NVA) der DDR, und mit der Deutschen Einheit übernahm die Bundeswehr dort für einige Jahre das Kommando. Erst als der Bundeswehrstandort schrittweise aufgelöst wurde, erhielt die interessierte Öffentlichkeit Zugang zu dem Areal, um das sich nach einem halben Jahrhundert als Sperrgebiet Mythen rankten.

Mythisches ist im Norden der Insel nicht zu entdecken, dafür gibt

Luftbild des Hafens und der Ortschaft Peenemünde, 2017

es mittlerweile viel Aufklärung. Seit fast dreißig Jahren bemüht man sich, die zahlreichen baulichen Hinterlassenschaften aus der wechselvollen Geschichte dieses Ortes in ein Museums- und Gedenkstättenkonzept einzubinden. So ist im einst unzugänglichen Inselnorden eine einzigartige Denkmal-Landschaft entstanden, kombiniert mit großflächigen Natur- und Landschaftsschutzgebieten.

Geschichte zwischen 1935 und 1945

Heeresversuchsanstalt Peenemünde-Ost

1932 richtete das Heereswaffenamt in Kummersdorf, im Süden von Berlin gelegen, ein Forschungs- und Testgelände für Raketenwaffen ein. Bald schon stieß die Erprobungsstelle Kummersdorf-West an ihre Kapazitätsgrenzen, sodass man 1935 nach einem neuen Gelände Ausschau hielt. Fündig wurde man an der Nordspitze von Usedom. Dort entstanden rund um das kleine Fischerdorf Peenemünde ab 1936 hochmoderne Einrichtungen und Gebäudekomplexe zur Erforschung und Entwicklung neuartiger Raketenwaffen, ein großräumiges Testgelände mit mehreren Prüfständen, ein eigenes Kraftwerk, Unterkünfte und Wohnsiedlungen für die Beschäftigten sowie eine elektrifizierte Werkbahn. Insgesamt waren in und um Peenemünde mehrere Tausend Wissenschaftler und Arbeiter tätig, ab 1940 wurden auch hierher verschleppte Zwangsarbeiter eingesetzt (→ S. 18).

In der Heeresversuchsanstalt Peenemünde-Ost entwickelten die Forscher um Raketenpioniere wie dem jungen Wernher von Braun die erste flugfähige Fernrakete mit einer Reichweite von mehreren hundert Kilometern. Peenemünde wurde daher später oft verharmlosend als »Geburtsstätte der Raumfahrt« bezeichnet. Der gesamte militärisch-wissenschaftliche Komplex im Norden Usedoms bestand aus mehreren Teilstandorten. In den Gebäuden des Entwicklungswerks-Ost wurde die theoretische Vorarbeit für die spätere Test- und Vorserienproduktion geleistet. Die ersten praktischen Versuche und Erprobungen erfolgten bereits ab 1937 auf der Insel Greifswalder Oie (→ S. 56). Zwischen 1938 und 1943 wurden nördlich des Entwicklungswerks-Ost – parallel zur Ostseeküste – die für damalige Verhältnisse modernen Prüfstände I bis X errichtet. Am bekanntesten ist der noch heute in Teilen erhaltene Prüfstand VII, von dem aus der erste erfolgreiche Start der Aggregat-4-Rakete (A 4) am 3. Oktober 1942 erfolgte.

Test der A 4-Rakete auf dem Prüfstand VII, März 1942

Im Wald zwischen Karlshagen und Peenemünde wurden darüber hinaus ab 1939 drei baugleiche Serienprüfstände (P 1, P 2, P 3) errichtet, wo eine Erprobung der im Serienwerk produzierten Raketen erfolgen sollte. Aus Sicherheitsgründen erhielten diese Prüfstände jeweils einen umlaufenden Erdwall, dieser hatte eine mittlere Höhe von zehn Metern und einen Durchmesser von rund 200 Metern.

1943 war die Großrakete A 4 zur Serienreife entwickelt und wurde von der NS-Propaganda als »Vergeltungswaffe 2« (V 2) bezeichnet. Die 14 Meter hohe und 13,5 Tonnen schwere Rakete besaß bei einer Nutzlast von 1000 Kilogramm Sprengstoff eine Reichweite von bis zu 300 Kilometern. Bei einer Fluggeschwindigkeit von bis zu 5500 Stundenkilometern waren Abwehrmaßnahmen nicht möglich. Leidtragende sollte vor allem

Prüfstände

Prüfstand I [ab 1939]
30 Meter hoher Prüfstandprototyp für verschiedene Versuche an Raketentriebwerken (unter anderem Aggregat 4 – A 4)

Prüfstand II
Brennkammerversuche und Erprobung Aggregat 5 (A 5)

Prüfstand IIa
Brennkammerversuche und Erprobung Aggregat 4 (Treibstoffförderung)

Prüfstand III
Vornehmlich für Projekte der Luftwaffe

Prüfstand IV
Vornehmlich für Projekte des Reichsluftfahrtministeriums, später Reparaturwerkstatt des A 4-Meilerwagens

Prüfstand V
Erprobung A 4 (Treibstoffförderung)

Prüfstand VI
Gesamterprobung Aggregat 5

Prüfstand VII [ab 1940]
Gesamterprobung A 4

Prüfstand VIII
Brennkammerversuche und Erprobung Aggregat 4

Prüfstand IX [ab 1944]
Versuche und Starts der Flugabwehr-Rakete C 2 »Wasserfall«

Prüfstand X
Abschussversuche auf unterschiedlichen Bodenarten

Im Historisch-Technischen Museum Peenemünde: Modell des Prüfstands VII, 2012

die britische Bevölkerung werden. Mehr als 3000 V 2-Raketen wurden bis zum 27. März 1945 verschossen. Durch sie verloren etwa 8000 Menschen ihr Leben.

Nachdem die Alliierten bei Aufklärungsflügen die Brisanz der Einrichtung erkannt hatten, zerstörten sie das Versuchsgelände mit den Fertigungshallen ab August 1943 durch Luftangriffe teilweise (→ S. 24). Daraufhin verlagerten die Deutschen die bereits angelaufene Serienproduktion in unterirdische Produktionsstätten, etwa in das Stollensystem »Mittelwerk« des Konzentrationslagers Mittelbau Dora im Harz (→ S. 26), wo KZ-Häftlinge unter mörderischen Arbeits- und Lebensbedingungen die Teileproduktion und Endmontage der A 4 vornehmen mussten.

Auch die Arbeiten in Peenemünde gingen nach den Luftangriffen teilweise weiter. Um den Anschein zu wahren, als seien alle Anlagen zerstört worden, wurden nur wenige äußerliche Schäden beseitigt. Im Inneren der Gebäude setzte man manche Forschungstätigkeiten fort und entwickelte beispielsweise eine Modifikation der A 4, um sie auch von umgebauten Eisenbahnwaggons aus starten zu können.

Alle noch verbliebenen Gebäude der Heeresversuchsanstalt Peenemünde-Ost wurden nach dem Krieg gesprengt oder demontiert und verwertbare Bauteile in die Sowjetunion abtransportiert. Außer dem Material waren auch die Mitarbeiter des NS-Raketenprogramms – sowohl aus

Ehemaliger Bahnsteig Werk-Ost, 2013

Markierungsstein der ehemaligen Abschussstelle der A 4-Rakete, 2012

Peenemünde als auch aus anderen deutschen Forschungs- und Produktionseinrichtungen – nach dem Krieg begehrte »Beute«: Mit ihrer Hilfe entwickelten die USA und die UdSSR ihre späteren Raketenprojekte.

Das in den vergangenen Jahrzehnten überwucherte Gelände ist heute ein Natur- und Landschaftsschutzgebiet, das nicht eigenmächtig betreten werden darf. Einige bauliche Überreste der ehemaligen Prüfstände können bei geführten Geländeexkursionen (→ S. 46) besichtigt werden. Das 1991 eröffnete Historisch-Technische Informationszentrum – seit 2010 ein Museum –, das auf dem Areal des 1990 stillgelegten Steinkohlekraftwerks am Hafen von Peenemünde untergebracht ist, informiert umfassend über die Geschichte der heutigen Denkmal-Landschaft.

Wernher von Braun (1912 – 1977)

Wernher von Braun wurde am 23. März 1912 in Wirsitz, Posen geboren. Sein Interesse an den Naturwissenschaften erwachte früh. Wernher von Braun experimentierte bereits im Alter von 13 Jahren mit Feuerwerksraketen in Berlin-Tiergarten. Noch während seiner Abiturzeit tüftelte er mit Mitgliedern des »Vereins für Raumschifffahrt« an Raketen mit Flüssigkeitstriebwerken. 1932, nach dem Studium der Mechanik an der Technischen Hochschule Berlin, wurde Braun Zivilangestellter des Raketenprogramms des Heereswaffenamtes in Kummersdorf. Mit dem Umzug der Forschungseinrichtungen nach Peenemünde wurde Braun 1937 zum Technischen Direktor der Heeresversuchsanstalt Peenemünde ernannt.

Wernher von Braun, 1941 in Peenemünde

Das unter seiner Leitung entwickelte »Aggregat 4« war das erste von Menschen geschaffene Objekt, das den Weltraum erreichen konnte. Braun war Mitglied der NSDAP sowie der SS und stellte bereitwillig seinen Sachverstand den Nationalsozialisten für die Rüstungsproduktion zur Verfügung. Die A 4 wurde als Fernwaffe eingesetzt und versetzte unter der Bezeichnung V 2 (»Vergeltungswaffe 2«) in den letzten Kriegsjahren die britische Bevölkerung in Angst und Schrecken. Nach dem Zweiten Weltkrieg stellte sich Wernher von Braun in die Dienste der USA und war von 1970 bis 1972 stellvertretender Direktor der NASA, der zivilen US-Bundesbehörde für Luft- und Raumfahrt. Braun verstarb am 16. Juni 1977 in Alexandria, Virginia.

Erprobungsstelle der Luftwaffe Peenemünde-West

Parallel zur Errichtung der Heeresversuchsanstalt begannen 1936 auch die Bauarbeiten für ein Testgelände der neu gegründeten Luftwaffe. Nur zwei Jahre später war die moderne Erprobungsstelle Peenemünde-West einsatzbereit. Sie war nicht die einzige ihrer Art. Im gesamten Reichsgebiet wurden ab Mitte der 1930er Jahre solche Erprobungsstellen der Luftwaffe vom Reichsluftfahrtministerium eingerichtet und mit unterschiedlichen Forschungsgebieten versehen. An den Standorten arbeiteten Zivilisten mit dem militärischen Luftwaffenpersonal zusammen.

In Peenemünde wurden verschiedene Raketentriebwerke für Flugkörper, Lenkwaffen und Flugzeuge erprobt, wie etwa für das Raketenflugzeug der Firma Messerschmitt. Die Me-163 sollte mit einer Spitzengeschwindigkeit von 1000 Stundenkilometern den alliierten Flugzeugen überlegen sein und als Abfangjäger gegen deren Bomberverbände eingesetzt werden.

Am nordöstlichen Rand des Flugplatzes installierte man direkt an der Küste mehrere Abschussvorrichtungen für die Flugbombe Fi-103, den ersten Marschflugkörper der Welt. Die Fieseler Fi-103 – von der NS-Propaganda »Vergeltungswaffe 1« (V 1) getauft – war nach zweijähriger Entwicklungszeit im Sommer 1944 einsatzbereit. Das etwa acht Meter lange Fluggerät konnte einen Sprengkopf von etwa 900 Kilogramm bis zu 250 Kilometer weit tragen. Mehr als 10 000 Exemplare wurden im letzten Kriegsjahr vor allem auf London und Antwerpen abgeschossen.

Durch die räumliche Nähe zur Heeresversuchsanstalt Peenemünde-Ost erfolgte ein intensiver Austausch zwischen den

Wissenschaftlern beider Einrichtungen. Dem Siegesrausch nach den Blitzkriegen der Wehrmacht gegen Polen (September 1939), Dänemark und Norwegen (April 1940) sowie die Beneluxstaaten und Frankreich (Mai/Juni 1940) folgte die Ernüchterung im Verschleißkrieg gegen die Sowjetunion ab Herbst 1941. In den letzten Kriegsjahren wurde die NS-Propaganda nicht müde, die in den Peenemünder Anlagen entwickelten Fernraketen als »Wunderwaffen« zu preisen, mit denen es gelingen werde, den Kriegsverlauf wieder zugunsten der Wehrmacht zu wenden.

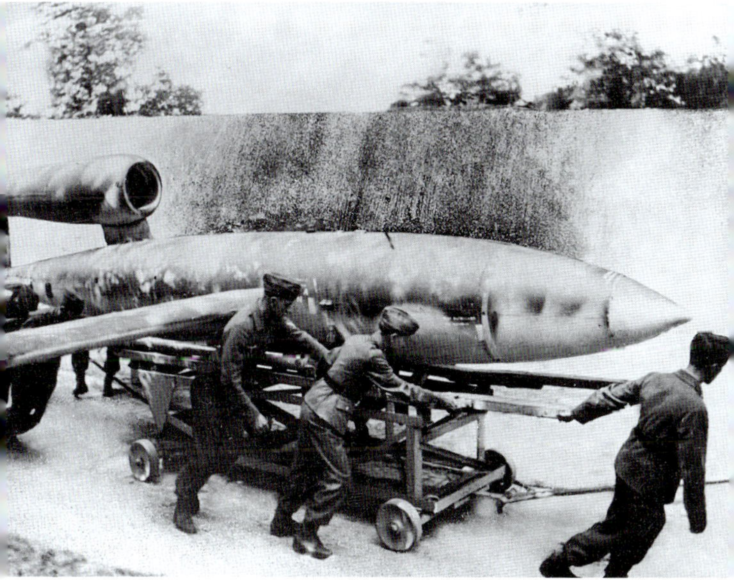

Transport einer Flügelbombe Fi-103 (V 1) zur Abschussrampe, 1944

▲ Überreste der ehemaligen Startrampe der Flügelbombe Fi-103 (V 1), 2012
◀◀ Start- und Landebahn des ehemaligen NVA-Flugplatzes, 2012

Doch dies war und blieb bis 1945 propagandistisches Wunschdenken. Mit den neuartigen Waffen konnten nur Flächenziele angegriffen werden, da die Steuerung der Raketen zu der damaligen Zeit nur rudimentäre Veränderungen der Flugbahn zuließen, die Treffgenauigkeit also recht gering war. Bei den Angriffen auf London und Antwerpen starben dennoch Tausende Menschen, noch mehr verloren bei der Produktion dieser Waffen in Bunkern und Stollensystemen ihr Leben.

Der Flugplatz Peenemünde wurde nicht nur für Erprobungszwecke genutzt. Um das Vorrücken der sowjetischen Truppen im Winter 1944/45 zu erschweren, starteten von hier aus Flugzeuge, sogenannte Mistelgespanne, die mehrere Oderbrücken zerstören sollten. Verhindern konnten sie den Vormarsch der Roten Armee nicht, die den Flugplatz am 4. Mai 1945 kampflos einnahm und ihn in den folgenden Jahren nutzte. Die Werft- und Flugzeughallen sowie weitere Einrichtungen des Flugplatzes mussten in Übereinstimmung mit dem Potsdamer Abkommen gesprengt bzw. demontiert werden. Doch der Platz wurde schnell wieder instand gesetzt. Nach dem Abzug der sowjetischen Streitkräfte bezog die NVA das Areal und baute es für eigene Zwecke weiter aus (→ S. 32).

Noch heute sind zahlreiche Relikte aus der NS-Zeit und der Zeit der Nutzung durch die NVA zu finden. So gibt es unweit des Flugplatzes einen 1944 erbauten und nach dem Zweiten Weltkrieg gesprengten Hochbunker. Der massive Bau diente den Mitarbeitern der Versuchsstellen in Peenemünde als Luftschutz und bot auf drei Etagen Platz für 750 Personen. Die Anlagen zur Erprobung der Fi-103 sind ebenfalls rudimentär erhalten geblieben und stehen unter Denkmalschutz.

Zwangsarbeit und Lagersystem

Durch die Einberufung der männlichen arbeitenden Bevölkerung in die Wehrmacht oder in andere Organisationen des nationalsozialistischen Regimes fehlte es im Deutschen Reich alsbald in allen Branchen an ausreichend Arbeitskräften. Um sowohl die Wirtschaft aufrechtzuerhalten als auch den Nachschub der Wehrmacht mit Versorgungs- und Rüstungsgütern sicherzustellen, wurden im Verlauf des Zweiten Weltkrieges verschiedene Gruppen von Ausländern und Häftlingen zur Zwangsarbeit – vornehmlich in der Landwirtschaft und in der Rüstungsindustrie – herangezogen. Insgesamt wurden in Deutschland bis 1945 mehr als 13 Millionen Zwangsarbeiter ausgebeutet.

Zum System der Zwangsarbeit gehörten die sogenannten Fremdarbeiter. In der Anfangsphase des Krieges wurden sie noch im Ausland, etwa in Polen, Italien oder Frankreich, als Arbeitskräfte für Bauprojekte angeworben. Als die Rekrutierung auf freiwilliger Basis nicht ausreichte, begannen Zwangsrekrutierungen, teilweise in riesigem Umfang. So wurden allein aus den besetzten Gebieten der Sowjetunion 2,5 Millionen Menschen zur Zwangsarbeit nach Deutschland verschleppt. Und nach der Aufkündigung des Bündnisses mit Deutschland kamen aus Italien fast 600 000 »Militärinternierte« hinzu. Ein Großteil der etwa acht Millionen Fremdarbeiter konnte erst 1945 das Land wieder verlassen.

Außerdem mussten rund fünf Millionen Kriegsgefangene entgegen der Genfer Konvention von 1929, die die Behandlung von gefangenen Soldaten feindlicher Streitkräfte regelte, Zwangsarbeit leisten, ebenso wie viele Häftlinge aus deutschen Gefängnissen und Straflagern, später auch aus Konzentrationslagern. Unterbringung, Versorgung und Arbeitsbedingungen – und damit auch die Überlebenschancen – unterschieden sich je nach Gruppe und Herkunftsland erheblich. In aller Regel erfolgte der Einsatz unter schwierigen bis menschenunwürdigen Bedingungen: Die Quartiere waren meist mehrfach überbelegt, die hygienischen Zustände schlecht bis katastrophal, das Gleiche galt für die Versorgung mit Kleidung, Medikamenten und Lebensmitteln. Was die KZ-Häftlinge betraf, so war deren Ermordung durch Zwangsarbeit durchaus einkalkuliert.

Auch in Peenemünde sowie bei den zahlreichen Zulieferbetrieben wurden Zwangsarbeiter und KZ-Häftlinge eingesetzt. Das nationalsozialistische Ausbeutungssystem in diesem Zusammenhang gipfelte ab 1943 in der Serienproduktion der Fernraketen in einem unterirdischen Stollensystem im Harz bei Nordhausen (→ S. 26). Im Konzentrationslager Mittelbau-Dora kamen bis

Skizze des KZ-Arbeitslagers Karlshagen I, 2009

Ende des Zweiten Weltkrieges 4470 Häftlinge direkt im »Mittelwerk« und 5029 Menschen in den Außenlagern des Konzentrationslagers ums Leben. Ausländische Arbeitskräfte hatte es schon von Beginn an im Komplex Peenemünde gegeben. Bereits für die ersten Bauarbeiten ab 1936 wurden ausländische Vertragsarbeiter angeworben und in nicht sicherheitsrelevanten Bereichen der riesigen Baustelle eingesetzt. Die Ersten kamen aus Polen, Italien und Frankreich und wurden bis 1941 im ehemaligen Lager der Deutschen Arbeitsfront in Karlshagen untergebracht. Weitere Lager in und um Peenemünde entstanden – bislang sind sieben bekannt –, als verschiedene Häftlingsgruppen zur Zwangsarbeit nach Peenemünde gebracht wurden, darunter das Gemeinschaftslager Ost, das »Polenlager« und das Lager Trassenheide.

Lager Peenemünde-Ost (Gemeinschaftslager Ost)

Ab April 1943 wurde im Gemeinschaftslager Ost eines von zwei Außenlagern für KZ-Häftlinge im Umfeld Peenemündes eingerichtet und verwaltungstechnisch dem Konzentrationslager Ravensbrück unterstellt. Bis Jahresende 1944 waren im KZ-Arbeitslager I etwa 1500 Häftlinge untergebracht, die vornehmlich für Erdarbeiten im Bereich des Werkes West und zu Hilfsarbeiten an den technischen Geräten eingesetzt wurden. Sie stammten zumeist aus den Konzentrationslagern Ravensbrück und Buchenwald. Die Baracken waren zuvor als Haftort einer Wehrmachtsgefangenenabteilung genutzt worden. Der Bereich mit den KZ-Häftlingen wurde separiert, zusätzlich umzäunt und mit Wachtürmen und Beobachtungsbunkern umgeben. Von diesem Lager sind nur noch wenige bauliche Überreste vorhanden. Eine Informationstafel erinnert an die Geschichte des Areals.

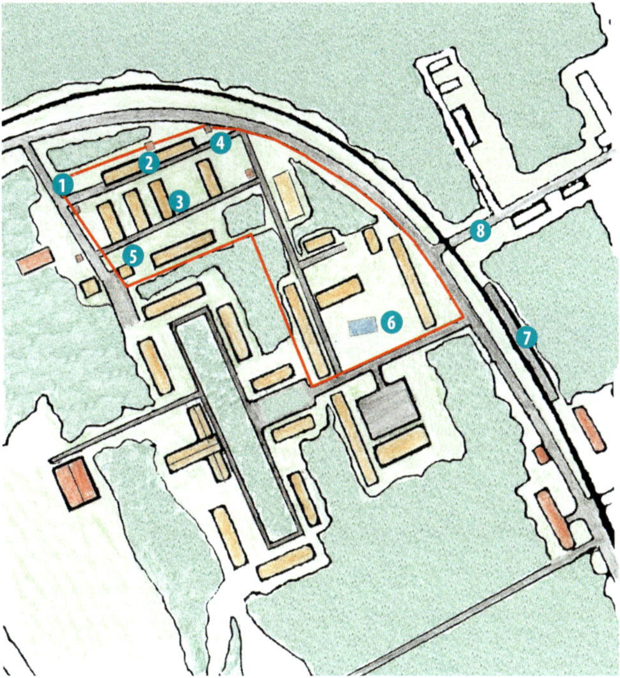

Barackenplan des Gemeinschaftslagers Ost, Situation von 1945

1 – KZ-Arbeitslager Karlshagen I (rot umrahmter Bereich, vergrößerte Fläche im Vergleich zu 1943)
2 – Krankenrevier
3 – Unterkunftsbaracken
4 – Bunker und Beobachtungsturm
5 – Häftlingsküche
6 – Löschteich
7 – Haltepunkt Werk-Ost
8 – Zufahrt zum Entwicklungswerk-Ost

Überreste des KZ-Arbeitslagers Karlshagen I, 2013

Reichsarbeitsdienstlager/»Polenlager«

Das als »Polenlager« bezeichnete Barackenlager war ursprünglich für den Reichsarbeitsdienst (RAD) errichtet worden. In diesem Lager wurden ab Frühjahr 1940 einige Hundert polnische Zwangsarbeiter untergebracht, die im Wald zwischen Trassenheide und Peenemünde bei den Bauarbeiten des Versuchsserienwerkes eingesetzt wurden, wo nach der Fertigstellung die industrielle Produktion der Raketen erfolgen sollte.
Von diesem Lager gibt es keine materielle Spur, da es vollständig überbaut wurde.

Lager Trassenheide

Das Gemeinschaftslager Trassenheide bestand aus Unterkunfts- und Sozialbaracken und war mit einem Maschendrahtzaun umgeben. In diesem Lager befanden sich mehr als 4000 Arbeiter aus ganz Europa in etwa 40 Baracken. Neben den dienstverpflichteten deutschen Arbeitskräften wurden hier auch Zwangsarbeiter verschiedener Nationen untergebracht.

Durch einen Markierungsfehler der britischen Bomberflotte wurde ein Teil der Bombenlast in der Nacht vom 17. zum 18. August 1943 an einer falschen Stelle abgeworfen – über dem Lager Trassenheide. Da die Arbeiter im Lager eingeschlossen waren, konnten sie bei dem Angriff nicht in den benachbarten Wald flüchten, sondern waren der tödlichen Fracht schutzlos ausgeliefert. Mehr als 300 Menschen kamen in dieser Nacht im Lager ums Leben.

Heute findet man im Wald am Standort des ehemaligen Gemeinschaftslagers noch zahlreiche Fundament- und Zaunreste. Eine kleine Informationstafel erinnert daran, was an diesem Ort geschehen ist.

Die Gedenkstätte Trassenheide in unmittelbarer Nähe des ehemaligen Lagergeländes gedenkt der Opfer der KZ-Außenlager sowie der Bombenopfer der Luftangriffe.

Gedenkstein für die Bombenopfer des Lagers Trassenheide, 2013

Luftangriff im August 1943

Bereits wenige Monate nach Ausbruch des Zweiten Weltkriegs liefen erste Meldungen alliierter Agenten über ein streng geheimes Versuchs- und Forschungsgelände der Deutschen auf der Nordspitze der Insel Usedom ein. Doch die Meldungen blieben recht diffus. Erst im Frühjahr 1943, etwa ein halbes Jahr nach dem erfolgreichen Start einer A 4 im Oktober 1942, befahl das britische Luftfahrtministerium, die Meldungen über neuartige Fernwaffen genau zu analysieren, und wies die Luftbildauswerter der Allied Central Interpretation Unit (ACIU) der Royal Air Force an, nach entsprechenden Strukturen auf alliierten Luftbildern zu suchen. Nachdem erste Verdachtsflächen ausgemacht waren, die erneut überflogen werden sollten, gelang es Flight

Zerstörte Wohnsiedlung der Peenemünder Wissenschaftler, August 1943

Sergeant E. P. H. Peek am 23. Juni 1943, mit hochauflösenden Luftbildern der Peenemünder Anlagen nach Großbritannien zurückzukehren. Dort erkannte man sofort die Brisanz der Aufnahmen und begann, Pläne für eine Bombardierung der Forschungseinrichtung auszuarbeiten: Deckname »Hydra«.
Der Luftangriff sollte sowohl die Infrastruktur der Raketenanlage zerstören als auch durch die Tötung des wissenschaftlichen Personals das Raketenprogramm der Nationalsozialisten stoppen. Um die Operation »Hydra« zu verschleiern, flog die Royal Air Force ab dem 10. August 1943 mehrere Luftangriffe auf Berlin, deren Kurs jeweils nahe an Peenemünde vorbeiführte. In der Vollmondnacht vom 17. zum 18. August erreichte wieder ein britischer Bomberstrom mit fast 600 Flugzeugen den Luftraum über Norddeutschland. Die dortige Luftaufklärung vermutete einen erneuten Angriff auf Berlin. Doch der Großteil der Formation schwenkte diesmal Richtung Usedom ab und entlud ihre Bombenlast von etwa 1800 Tonnen Brand- und Sprengbomben in kürzester Zeit über dem Norden der Insel. Doch durch einen Markierungsfehler fiel ein Teil der Bomben nicht auf die Prüfstände und Gebäude, sondern traf vor allem das Gemeinschaftslager bei Trassenheide und die Ortschaft selbst. Insgesamt verloren bei dem Angriff etwa 700 Menschen ihr Leben; darunter etwa 300 Lagerinsassen, 150 Bewohner der Siedlung für das wissenschaftliche Personal und zahlreiche Soldaten.
Doch auch weitere Angriffe, die erheblichen Schaden anrichteten, konnten die Einstellung der Forschungsarbeiten in Peenemünde nicht erzwingen. Und die Serienproduktion der Raketen wurde alsbald in den bombensicheren Untergrund verlagert, in ein riesiges Stollensystem im Harz bei Nordhausen (→ S. 26).

Verlagerung der Produktion in den Untergrund

Eigentlich sollte die von den Nationalsozialisten als »Wunderwaffe« gepriesene Fernrakete V 2 in großen Fertigungshallen auch in Serie in Peenemünde produziert werden. Doch nach der Enttarnung des Raketengeländes durch die alliierten Luftbildaufklärer und den anschließenden Bombardierungen waren viele Gebäude in Peenemünde zerstört, und die Fortsetzung der Serienfertigung erschien dort als zu unsicher. Daher beschloss man die Verlagerung der Raketenproduktion in den bombensicheren Untergrund.

Bereits 1936 war in der Nähe von Nordhausen unter dem Berg Kohnstein im Auftrag der Wirtschaftlichen Forschungsgesellschaft (Wifo) – einem getarnten Rüstungsunternehmen der Nationalsozialisten – ein komplexes Stollensystem aufgefahren worden, um als unterirdisches Depot für verschiedene Treibstoffe zu dienen. Als man nach den Luftangriffen auf Peenemünde begann, die Teile- und Serienfertigung der A 4 in unterschiedliche luftschutzsichere Anlagen zu verlagern, gehörten auch die bis zu diesem Zeitpunkt aufgefahrenen Stollen im Kohnstein dazu, die nun erweitert und zu einem Rüstungswerk für die Endmontage der A 4-Rakete ausgebaut wurden. Da dort in den ersten Monaten nach Übernahme der unterirdischen Anlage keine Baracken oder anderweitigen Unterkunftsgebäude zur Verfügung standen, mussten die dorthin zur Zwangsarbeit transportierten KZ-Häftlinge auch im Stollen schlafen.

Mit dem Anlaufen der eigentlichen Produktion zum Jahresbeginn 1944 entstand ein oberirdisches Barackenlager mit etwa 70 Gebäuden, samt Häftlingskrankenhaus und Krematorium. Das La-

Häftlinge im KZ Mittelbau-Dora bei der Zwangsarbeit an der A 4 (V 2), 1944

ger galt bis zum Herbst 1944 organisatorisch als Außenlager des Konzentrationslagers Buchenwald und wurde am 28. Oktober in das selbstständige Konzentrationslager Mittelbau-Dora umgewandelt. Neben der Endmontage der A 4 wurde ab Sommer 1944 auch die Flügelbombe Fi-103 (V 1) im Kohnstein unter Einsatz Tausender Zwangsarbeiter zusammenmontiert.

Bis Mai 1945 wurde die gesamte unterirdische Anlage auf etwa 20 Kilometer ausgedehnt. Das Hauptsystem bestand aus zwei etwa zwei Kilometer langen Hauptstollen, die durch zahlreiche Querstollen miteinander verbunden waren. Am Ende standen für Rüstungszwecke mehr als 250 000 Quadratmeter zur Verfügung, der damals größte unterirdische Rüstungskomplex.

Mehr als 60 000 Zwangsarbeiter aus 21 Nationen haben das Konzentrationslager oder eines der Außenlager durchlaufen.

Neu aufgefahrener Zugangsstollen der KZ-Gedenkstätte Mittelbau-Dora, 2010

Etwa 10000 von ihnen wurden durch die menschenverachtende Arbeit im Stollen, die unzureichende Versorgung mit Lebensmitteln, Wasser und Medikamenten sowie durch die katastrophale Unterbringung getötet.

Am 11. April 1945 befreiten US-Truppen das Konzentrationslager Mittelbau-Dora und begannen umgehend mit der Demontage der modernen Produktionseinrichtung und dem Abtransport der Raketenteile. Danach sicherte sich die Rote Armee die noch übrig gebliebenen Materialien aus dem Berg. Sowohl den US-Amerikanern als auch den Sowjets diente das Raketenprogramm der Nationalsozialisten nach dem Krieg zum Aufbau eigener Waffensysteme.

Bereits zum ersten Jahrestag der Befreiung wurde am ehemaligen Krematorium des KZ Mittelbau-Dora ein Mahnmal errichtet, 1966 von der DDR die »Nationale Mahn- und Gedenkstätte Mittelbau-Dora« eingeweiht. Nach der Wiedervereinigung überarbeitete man 1995 die bisherige Dauerausstellung und integrierte Teile des unterirdischen Stollensystems in das Gedenkstättenkonzept, nachdem man schon 1988 damit begonnen hatte, durch einen neuen Zugangsstollen einen Anschluss an einen der beiden ehemaligen Hauptstollen zu erhalten. Nach der offiziellen Einweihung eines neuen Hauptgebäudes im Jahr 2005 folgte im Jahr darauf auch die Eröffnung einer neuen Dauerausstellung.

Zeitzeugenbericht

Godfried Elzenga (1921–2005)

Als sich der junge Niederländer Godfried Elzenga dem Widerstand anschließen wollte, wurde er im März 1943 verhaftet, ins KZ Buchenwald gebracht und musste danach in Peenemünde und im KZ Mittelbau-Dora Zwangsarbeit leisten. In »Die misslungene Englandfahrt« (1996) erinnerte er sich an Dora:

»Der Transport traf am 15. Oktober 1943 in Dora ein und wurde nach Ankunft sofort in den Stollen getrieben. Das Tageslicht würden wir monatelang nicht mehr zu sehen bekommen. Die Häftlinge hatten nur einen Auftrag, und dieser war, es koste was es wolle, in der kürzesten Zeit die Stollen so auszubauen, dass die Produktion der V 1- und V 2-Rakete wieder aufgenommen werden konnte, und sie sollte sogar die in Peenemünde übersteigen. Wie bekannt, waren die Lebens- und Arbeitsbedingungen unvorstellbar schlimm. Der Stollen war kalt und feucht und die Luft stark verpestet durch die Pressluftbohrungen und Dynamitsprengungen. Es gab so gut wie kaum sanitäre Hygiene, weil es kein Wasser gab. Als Aborte dienten halbierte Benzinfässer, wo darüber Sitzbretter gelegt worden waren. Die Häftlinge waren mangelhaft bekleidet, sie bekamen unzureichende Nahrung und Ruhe und mussten lange Appell stehen, die Schlafbedingungen waren himmelschreiend und die Behandlung durch die SS erbarmungslos.
Die Menschen waren zu Sklaven der SS-Organisation gemacht worden: Die Losung war Tod durch Arbeit. Der SS sollte es egal sein, denn die Toten konnten leicht ersetzt werden durch neue Häftlinge aus den besetzten Gebieten.

Nach einigen Wochen schon begann das grosse Sterben unter den Häftlingen. Für viele war der physische und psychische Schock so gross, dass sie dagegen keinen Widerstand aufzubauen vermochten. Diejenigen, die von Anfang an genug schlau waren, sich dem mörderischen Arbeitstempo zu entziehen und sich verhärteten und zudem Glück hatten, hatten eine Chance zu überleben. Ich hatte dieses Glück. Anfang 1944 wurde ich dem Sanitäter-Kommando zugeteilt. Das verdankte ich dem niederländischen Arzt Dr. Bessel Groeneveld. Meine Aufgabe war es, die Ambulanzstation am Ausgang des Stollens zu besetzen, um erste Hilfe bei Unfällen zu leisten.
Neben der Ambulanz-Baracke befand sich die Leichenablage, wo die Leichen der im Schlafstollen gestorbenen Häftlinge gesammelt und auf den grossen Haufen geworfen wurden als wären sie Holzklötze. Ich ärgerte mich sehr an diesem Vorgehen, denn die Leichen waren ja auch einmal Menschen gewesen. [...]
Anfang 1944 war die Fabrik im Stollen so weit, dass die Produktion der V1- und V2-Rakete anlief. Im Januar 1944 liefen die ersten Exemplare vom Förderband. Es wurde gearbeitet in Tag- und Nachtschichten. Die Lebensbedingungen in Dora wurden besser. Es gab eine Belüftungsanlage, eine Abortanlage und Wasser. Aber die langen Arbeitszeiten und Zählappelle waren sehr belastend, Kleidung und Nahrung waren bei weitem nicht ausreichend. Jeden Tag gab es als Hauptmahlzeit eine Steckrübensuppe, in die auch Kartoffeln zugetan worden waren. Der gestreifte Häftlingsdrell passte nur selten, Leibwäsche und Strümpfe wurden nicht erteilt, geschweige Wintermäntel. In den Aussenlagerarbeitskommandos wurden die Häftlinge noch schlimmer als Sklaven behandelt. Obwohl das grosse Sterben ein wenig abgenommen hatte, blieb die Sterblichkeit unerhört hoch.«

Quelle: Archiv der KZ-Gedenkstätte Mittelbau-Dora

Geschichte zwischen 1945 und 1990

Flugplatz Peenemünde: Jagdfliegergeschwader 9

Nach dem Ende des Zweiten Weltkriegs mussten alle baulichen Einrichtungen der Luftwaffen-Erprobungsstelle Peenemünde-West, die bei den alliierten Luftangriffen zwischen 1943 und 1945 nicht zerstört worden waren, auf Befehl der Sowjetischen Militäradministration in Deutschland (SMAD) unbrauchbar gemacht werden. Auch die umliegenden Versuchsanlagen wurden bis 1947 demontiert und gesprengt.
Nichtsdestotrotz nahmen die sowjetischen Luftstreitkräfte den Flugplatz 1949 in ständigen Betrieb und begannen mit ersten Instandsetzungsarbeiten: Die beiden Start- und Landebahnen wurden zunächst repariert, später verlängert. Am Rande des Flugplatzes errichtete man einfache, aber funktionale Holzgebäude. Die Sowjetarmee blieb rund zehn Jahre auf Usedom, bis eine Abrüstungsinitiative des sowjetischen Partei- und Staatschefs Nikita Chruschtschow im Jahr 1960 unter anderem die Marinejagdflieger-Verbände der Baltischen Rotbannerflotte auflöste. Damit endete die Ära sowjetischer Düsenjäger in Peenemünde.
Wenige Jahre nach der Gründung der Nationalen Volksarmee (NVA) der DDR am 1. März 1956 wurde auch der Flugplatz Peenemünde zum neuen Standort der Luftstreitkräfte der DDR bestimmt. Deren Grundlage war bereits im Herbst 1950 gelegt worden, als der sowjetische Ministerrat die Gründung der Volkspolizei-Luft (VP-Luft) beschloss. Mit Schaffung der Kaser-

nierten Volkspolizei (KVP) am 1. Juli 1952 wurde ihr auch die VP-Luft angegliedert. Die bisher als eigenständige Organisation existierenden Luftstreitkräfte wurden schließlich mit der Luftverteidigung im März 1956 zusammengelegt und von nun an als

SED-Chef Erich Honecker bei den Jagdfliegern in Peenemünde, 11. September 1975

LSK/LV bezeichnet. Damit unterstanden alle fliegenden Verbände wie auch die späteren Flugabwehrraketenverbände der NVA einem gemeinsamen Kommando.

In den 1960er Jahren erfolgte eine erneute Verlängerung der nordwestlich ausgerichteten Start- und Landebahn, während die in Ost-West-Richtung verlaufende stillgelegt wurde. Weitere Baumaßnahmen betrafen den Ausbau des Rollwegesystems und die Errichtung einiger Funktionsgebäude, darunter auch die gedeckte Flugleitung (1972). Immer wieder wurde der Flugplatz in den folgenden drei Jahrzehnten den militärischen Zwecken angepasst.

Noch heute zeugen bestimmte standardisierte Bauten von der ehemaligen Nutzung durch die NVA, beispielsweise die Mitte der 1960er Jahre entstandene große Werfthalle oder die noch

Geschlossene Deckung für Flugzeuge (GDF), 2012

existierenden Flugzeugdeckungen aus den 1970er Jahren. Bereits im Herbst 1967 hatte man in aller Eile einige offene Splitterschutzdeckungen geschaffen, die mit einem Erdwall den abgestellten Flugzeugen einen Mindestschutz bei feindlichen Luftangriffen auf das Areal bieten sollten. Das war eine Reaktion auf den Präventivschlag der israelischen Luftstreitkräfte während des Sechstagekriegs: Im Juni 1967 hatten die Israelis bei einem Überraschungsangriff auf die am Boden stehenden und bis dahin nicht geschützten Militärflugzeuge die komplette ägyptische Luftwaffe zerstört. In den 1970er Jahren hat man dann in Peenemünde die mehr als 40 offenen Splitterschutzboxen durch 24 geschlossene Flugzeugdeckungen (sogenannte Bogendeckungen) ersetzt, die einen besseren Schutz boten.

Um den Peenemünder Flugplatz sicher ansteuern zu können, wurden im Greifswalder Bodden, in direkter Ausrichtung zur

Nahfunkfeuer des ehemaligen Militärflugplatzes, 2012

Landebahn, zwei Funkfeuer installiert. Diese befanden sich auf künstlichen Plattformen in der offenen See in 1000 Metern (das sogenannte Nahfunkfeuer) bzw. 4000 Metern (Fernfunkfeuer) Entfernung von der Landebahn. Die Plattformen waren in der Regel unbemannt und mit verschiedenen Navigationsmitteln ausgerüstet, um einen sicheren Flugbetrieb zu gewährleisten. Landeinwärts existierten in der Verlängerung der Landebahn ähnliche Einrichtungen.

Der Platz wurden vom Jagdfliegergeschwader 9 (JG 9) genutzt. In der Nähe des im Süden von Usedom gelegenen Dorfes Pudagla gab es einen verbunkerten Gefechtsstand, von dem aus gemeinsam mit den funktechnischen Truppen der NVA der Luftraum kontrolliert und die Jagdflugzeuge geführt wurden. Die auf dem Peenemünder Flugplatz beschäftigten Soldaten und Offiziere waren im benachbarten Karlshagen untergebracht.

Mit der Auflösung der NVA endete auch die militärische Nutzung des Areals. Ab 1990 stellte man auf dem riesigen Rollfeld eine Zeitlang mehr als 10 000 Militärfahrzeuge der NVA ab, die nicht mehr gebraucht wurden und nun weiterverkauft werden sollten.

Es sind heute neben der Infrastruktur am Flugplatz nur noch einige bauliche Hinterlassenschaften der LSK/LV auf der Nordspitze der Insel Usedom zu finden. Das Tanklager wurde zwischenzeitlich zurückgebaut. Raketen- wie auch Bombenlager befinden sich inmitten des heutigen Sperrgebietes bzw. Landschaftsschutzgebietes.

Auf dem Flugplatz ist es ruhig geworden. Vor Ort gibt es keine Informationen zum Areal mehr, nachdem das Pommersche Bettenmuseum geschlossen wurde und die angeschlossene Ausstellung zur Geschichte des Standortes in das Informationszentrum West / Müggenhof (→ S. 46) umgezogen ist. Die einst ausgestellten Flugzeuge stehen nun nicht öffentlich zugänglich am Rande des Flugplatzes. 2014 wurden auf einigen Flächen des Flugplatzes die ersten Solaranlagen errichtet. Planungen sehen vor, den Standort zu einem weltweit führenden Kompetenzzentrum für Photovoltaik auszubauen.

Hauptzufahrt zum Flugplatz Peenemünde, 2013

Gefährliche Einsätze

Das in Peenemünde stationierte Jagdfliegergeschwader 9 war in die Luftraumsicherung des Warschauer Paktes im Ostseeraum eingebunden. Harte Ausbildung, häufiger Bereitschaftsdienst, gefechtsnahe Übungen mit riskanten Tiefflugmanövern – all das setzte die Angehörigen der Einheit, insbesondere die Piloten, großen Belastungen aus. Da blieben Unfälle nicht aus.

Bis zur Übergabe an die Bundeswehr gab es im Umfeld des Flugplatzes Peenemündes etwa 50 Unfälle mit Luftfahrzeugen. Durch technische Fehler, aber auch durch menschliches Versagen verloren dabei 19 Piloten ihr Leben. Der letzte Absturz ereignete sich bei einer Flugvorführung am 13. September 1990 – ausgerechnet vor einer Delegation des Verteidigungsausschusses des Deutschen Bundestages. Major Sascha Syrbe sollte den westdeutschen Abgeordneten mit seiner MiG-23ML sowohl den hohen Ausbildungsstand des NVA-Personals als auch die Leistungsfähigkeit der vorgehaltenen Technik demonstrieren. Nachdem tags zuvor beim Probedurchlauf noch die Sonne gestrahlt hatte, bewölkte es sich bei der Vorführung. Syrbe kam mit seinem Kampfflugzeug zu tief aus einer Wolke, als er eine Rolle absolvieren wollte. Er konnte seine Maschine nicht mehr abfangen, prallte auf den Greifswalder Bodden und war auf der Stelle tot. Die Vorführung wurde abgebrochen, Sascha Syrbe hinterließ eine Frau und drei Kinder.

Hafen Peenemünde: Volksmarine 1. Flottille

Noch vor der militärischen Nutzung des Flugplatzes Peenemünde durch die Truppen der NVA hatte die DDR-Regierung ab 1952 den Peenemünder Hafen zum Stützpunkt der Volkspolizei-See (VP-See) ausbauen lassen. Die analog zur VP-Luft (→ S. 32) aufgestellte VP-See war zunächst dem Ministerium des Inneren zugeordnet. Mit der Gründung der NVA am 1. März 1956 wurde die VP-See in die »Verwaltung Seestreitkräfte der NVA« umstrukturiert und nun dem Ministerium für Nationale Verteidigung angegliedert. 1960 erfolgte schließlich die Umbenennung der maritimen Teilstreitkraft in »Volksmarine«, ein Name, den sie bis zur Auflösung der NVA behielt.

1952 wurde der Stützpunkt Peenemünde zur Flottenbasis aufgewertet (später hieß er ein halbes Jahr lang »Flottenbasis Ost«) und ausgebaut. Ende 1956 erfolgte in Peenemünde die feierliche Gründung der 1. Flottille, der anfänglich zumeist nur Schiffe der ehemaligen Kriegsmarine zur Verfügung standen. Die 1. Flottille sollte sowohl die Küste absichern als auch in der Ostsee Minen räumen, die noch aus der Zeit des Zweiten Weltkrieges stammten. 1959 wurden darüber hinaus in Peenemünde die ersten Schiffe der Volksmarine zur U-Boot-Abwehr in Dienst gestellt. Bis 1989 wurde der Schiffsbestand sukzessive erneuert und erweitert. Angeschafft wurden unter anderem auch Landungsschiffe, obwohl doch die NVA in der Propaganda der DDR-Medien einen rein defensiven Auftrag zu erfüllen hatte und den Staat vor einer Invasion des »Klassenfeindes« schützen sollte. Im Zuge der ab Frühjahr 1987 veränderten Strategie der Warschauer-Pakt-Staaten – vom »tiefen militärischen Gegenstoß«

auf reine Verteidigung – wurden diese Landungsschiffe nunmehr als Mehrzwecktransporter bezeichnet. Im Falle einer kriegerischen Auseinandersetzung mit den Nato-Streitkräften hätten die Einheiten der Volksmarine im Rahmen der Bündnispflicht des Warschauer Paktes gemeinsam mit den polnischen Seestreitkräften und der Baltischen Rotbannerflotte agiert.

In der DDR waren die schwimmenden Verbände bis 1989/90 im Wesentlichen in drei Flottillen organisiert: Die 1. Flottille war in

Luftbild vom Hafengelände, 2017

Peenemünde stationiert, die 4. Flottille in Rostock-Warnemünde und die 6. Flottille auf der Halbinsel Bug bei Dranske. Jedes Flottenkommando verfügte für den Ernstfall über ein eigenes leicht geschütztes Bunkersystem. Der Führungsbunker der 1. Flottille befand sich in Trassenheide rechter Hand vor dem Bahnübergang der heutigen Strandstraße. Heute durch ein kleines Wäldchen verdeckt, zeugen die auffälligen Lüftungsrohre – im Volksmund »Dinosaurierhälse« genannt – von der Existenz des unterirdischen Bunkersystems, das aus einem zentralen Gang besteht, an dem auf beiden Seiten kleine und große Fertigteilbunker liegen, die für die verschiedenen Funktionsträger vorgesehen waren. Seitdem sich eine touristische Nutzung zerschlagen hat, wurden die Bunker zu einem Fledermausquartier umgestaltet.

Ausverkauf: Schiffe der aufgelösten Volksmarine im Peenemünder Hafen, August 1991

Die neue Promenade des Hafens Peenemünde mit dem sowjetischen U-Boot U-461, 2017

Als die 1. Flottille am Vortag der Deutschen Einheit, am 2. Oktober 1990, aufgelöst wurde, übernahm die Bundeswehr den Standort und betrieb ihn einige Jahre lang unter der Bezeichnung »Marinestützpunktkommando Peenemünde«. Nur wenige NVA-Soldaten und -Offiziere wurden in die Bundeswehr übernommen, mehr als drei Viertel des zuvor in Peenemünde stationierten Personals erhielten im Laufe eines Jahres die Kündigung.

Nach der Auflösung des Marinestandortes am 31. März 1996 begann schrittweise ein touristischer Ausbau der Nordspitze der Insel Usedom. 2011 wurde der inzwischen verfallene ehemalige Kasernenbereich am Hafen komplett zurückgebaut. Auf der dem Kraftwerk gegenüberliegenden Seite des Hafens hat man ab 2012 eine kleine Marina aufgebaut, wo heute ein Museum und ein Museumsschiff über die maritime Geschichte informieren.

Gegenwart

Historisch-Technisches Museum/Kraftwerk

Im heutigen Eingangsbereich des Historisch-Technischen Museums (HTM), der ehemaligen Bunkerwarte des ab 1939 errichteten Kraftwerks, wurde am 9. Mai 1991 ein erstes »Informationszentrum« mit einer Ausstellung über Peenemünde und zur deutschen Raketengeschichte eröffnet. Sie ging auf das Engagement einiger Hobbyhistoriker und ehemaliger NVA-Angehöriger zurück. Ausbaupläne des Industrieunternehmens Dornier Deutsche Aerospace für einen »Raumfahrtpark Peenemünde«, der neben einem Museum auch ein Trainings- und Erlebniszentrum sowie einen Gastronomie- und Hotelkomplex umschließen sollte, wurden Anfang der 1990er Jahre nicht verwirklicht.

▲ Eingangsbereich des Museums, 2012
◀ Großexponate im Außenbereich des Museums, 2012: Modelle der Flügelbombe Fi-103 (l.) und der A 4-Rakete (r.) sowie ein Wagen der restaurierten Werkbahn

Stattdessen beschloss man 1996 angesichts der stetig steigenden Besucherzahlen und der bis dahin techniklastigen Ausrichtung eine neue Konzeption für das Informationszentrum. Am 16. Dezember 2000 konnte schließlich der erste Abschnitt der erweiterten und umgestalteten Ausstellung präsentiert werden, der sich nun im Anbau des ehemaligen Kraftwerks befand und in den folgenden Jahren ausgebaut wurde. Fast zehn Jahre später, im Januar 2010, wurde der ursprünglich kommunale Betrieb in eine gemeinnützige GmbH mit einer 51 prozentigen Landesbeteiligung umgewandelt und das Informationszentrum in Historisch-Technisches Museum umbenannt. Die Landesbeteiligung soll die Finanzierung des weiteren Museumsausbaus erleichtern.

Auszeichnungen für das Museum Peenemünde

Das Historisch-Technische Museum Peenemünde baute in den vergangenen Jahren kontinuierlich seinen Ruf als internationale Begegnungs- und Kulturstätte aus. Jährlich werden vor Ort regelmäßige Workshops, Projekttage und Vorträge organisiert. Im Rahmen der Peenemünder Konzerte 2002 wurde dem HTM das Nagelkreuz von Coventry für friedensfördernde Aktivitäten verliehen. Es wurde zudem als Ankerpunkt in die European Route of Industrial Heritage aufgenommen und erhielt 2013 mit dem »European Union Prize for Cultural Heritage/Europa Nostra Award« den höchsten Preis in der europäischen Denkmalpflege für das Restaurierungsprojekt im Kraftwerk Peenemünde. Mit dem Abschluss der Baumaßnahmen wurde zudem ein neuer Ausstellungsbereich zur Geschichte dieses Industriedenkmals eröffnet.

Dauerausstellung zur deutschen Raketengeschichte, 2012

Konzert mit Stardirigent Kurt Masur im ehemaligen Kraftwerk, 2013

2015 wurden ein gläserner Fahrstuhl und eine Aussichtsterrasse auf dem Dach des Museum eröffnet. Das Historisch-Technische Museum ist einer der Hauptakteure in der historischen Aufarbeitung der Region. Der gut ausgebaute Rundweg der Denkmal-Landschaft (→ S. 48) entstand unter der Federführung des HTM, und auch das Sauerstoffwerk (→ S. 50) sowie die Gebäude des Müggenhofes (→ S. 46) gehören zum Museum bzw. unterstehen seiner Verwaltung. Das ehemalige Kraftwerk, in dem das HTM untergebracht ist, ist Mecklenburg-Vorpommerns größtes technisches Denkmal. Auf einer Ausstellungsfläche von 5000 Quadratmetern innen und einem zwölf Hektar großen Freigelände wird die vielschichtige Geschichte Peenemündes und der Region dokumentiert. 2024 sollen der Aus- und Umbau des Museums begonnen werden. Parallel soll die bestehende Dauerausstellung überarbeitet werden. Diese stellt neben zeitlichen und räumlichen Randthemen das Kernthema Peenemündes in den Fokus: die Geschichte der Heeresversuchsanstalt und der Erprobungsstelle der Luftwaffe.

Informationszentrum West/Müggenhof

Weil die Miete zu hoch wurde, musste das Pommersche Bettenmuseum 2010 am Standort Peenemünde schließen. Auch die dem Bettenmuseum bis dato angegliederte kleine Ausstellung zur Geschichte des Peenemünder Komplexes suchte eine neue Herberge – und fand schließlich unter dem Dach des 1941/42 errichteten Müggenhofs einen würdigen Platz in der Denkmal-Landschaft Peenemündes.

Der Hof hatte ursprünglich zur Selbstversorgung der Versuchsstelle der Luftwaffe gedient, wo auch die in der Landwirtschaft Tätigen untergebracht waren. Die ehemaligen Stallungen und das langgestreckte Wohngebäude existieren noch, während von der Gärtnerei nur noch Fundamentreste zu sehen sind, ebenso wie von der Kaninchenzucht, in der einst bis zu 1600 Angora-

▲ Modell des Komplexes Peenemünde und eine Fi-103 im Müggenhof, 2017
◀ Das Informationszentrum West im Müggenhof, 2013

kaninchen gehalten wurden. Die Kaninchen züchtete man sowohl wegen ihres Fleisches als auch wegen ihrer Felle, die man unter anderem für Fliegeruniformen verwendete.

Etwas östlich des Müggenhofes, aber in direkter Nachbarschaft, befand sich einst das Gemeinschaftslager-Ost mit dem angrenzenden KZ-Arbeitslager Karlshagen 1 (→ S. 20), wo eine Informationstafel an die Geschichte dieses Ortes erinnert.

Das vom Museumsverein Peenemünde e.V. betriebene Informationszentrum West dient inzwischen als Ausgangspunkt der geführten Geländerundfahrten. Unterschiedliche Touren informieren über die geschichtlichen Hintergründe des nördlichen Bereiches der heutigen Denkmallandschaft.

Denkmal-Landschaft Peenemünde

Als man sich Ende der 1990er Jahre Gedanken über die Um- bzw. Neugestaltung des Informationszentrums Peenemünde (→ S. 42) machte, schloss man in die Überlegungen auch das riesige, zum Teil brachliegende Hinterland ein, auf dem noch zahlreiche Ruinen, Fundamentreste und überwucherte Bauten zu sehen sind. Ziel war es, eine Route durch diese Denkmal-Landschaft zu konzipieren, auf der sich Besucher das komplexe Areal des einst wichtigsten Wissenschafts- und Forschungsstandortes der NS-Zeit eigenständig erschließen können. Am 11. Mai 2007 wurde ein erster, 20 Kilometer langer Abschnitt des Rad- und Wanderwegs eröffnet, 2011 und 2014 folgten zusätzliche Erweiterungen. Entlang der nunmehr 25 Kilometer langen Strecke befinden sich an 23 prägnanten Orten Hinweis- und Informationstafeln mit erläuternden Texten und historischen Fotos.
Das Areal des Prüfstands VII ist nur im Rahmen von Führungen (→ S. 46) zu besuchen.

1. Bunkerwarte und Museum
2. Kapelle und Gedenkstein
3. Sauerstoffwerk
4. Flugplatz
5. KZ-Arbeitslager Karlshagen I
6. Bahnsteig Werk-Ost
7. Hauptwache
8. Fernheizungssystem
9. Verladerampe
10. Wohnsiedlung
11. Luftschutzbauten
12. Bahnhof Karlshagen Siedlung
13. Ehrenmal Karlshagen
14. Lager Trassenheide
15. Klärwerk
16. Bunkeranlagen
17. Schöpfwerk
18. Deich

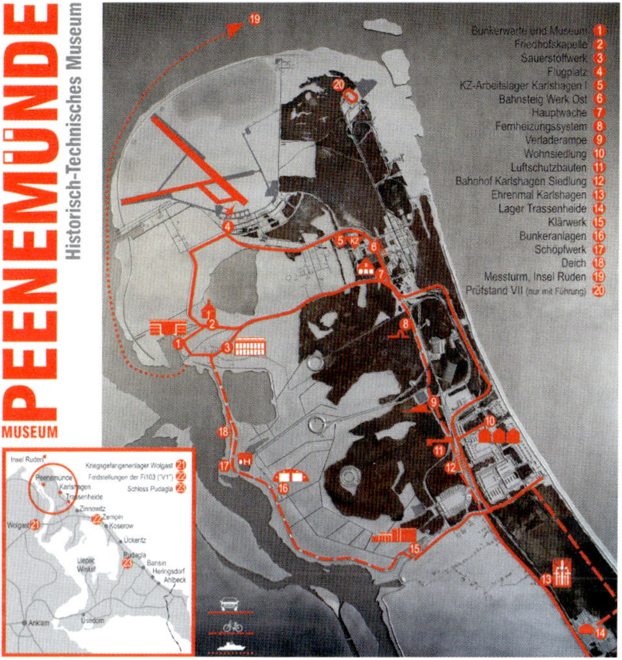

Übersichtsplan vom Rundweg durch die heutige Denkmal-Landschaft

19. Messturm, Insel Ruden
20. Prüfstand VII (nur mit Führung)
21. Kriegsgefangenenlager Wolgast 22
22. Feldstellung der Fi-103 (V1)
23. Schloss Pudagla

Sauerstoffwerk Peenemünde

Bevor man Peenemünde auf dem Landweg erreicht, ist neben dem alten Kraftwerk ein weiteres über der Gemeinde thronendes Gebäude auszumachen. Dabei handelt es sich um das ehemalige Sauerstoffwerk.

Wie der Name vermuten lässt, wurde im Sauerstoffwerk der für das Triebwerk der A 4-Rakete benötigte flüssige Sauerstoff produziert und anschließend in Kesselwagen zu den verschiedenen Prüfständen transportiert. Bei voller Auslastung hatte das Werk eine Produktionskapazität von monatlich 1800 Tonnen. Ein Großteil des im Peenemünder Kraftwerk erzeugten elektrischen Stroms wurde in der NS-Zeit vom Sauerstoffwerk benötigt. Mit Einsetzen der alliierten Luftangriffe auf Peenemünde wurde die

Das ehemalige Sauerstoffwerk, 2013

Stahlbetonskelett des ehemaligen Sauerstoffwerks, 2013

Leistung zwangsweise gedrosselt. Da der Nachschub an flüssigem Sauerstoff für den Einsatz der A 4 elementar war, wurde bei der Stationierung der Raketen im Bereich von Calais in Nordfrankreich neben den dortigen massiven Abschussbunkern der A 4 auch ein schwer verbunkertes Sauerstoffwerk errichtet.
Zwischen 1945 und 1947 wurden die technischen Anlagen des Sauerstoffwerks in Peenemünde vollständig demontiert und zum Teil in einem Industriewerk in Bützow in der Nähe von Rostock verwendet. Seit der Zeit steht das imposante Gebäude leer. 2022 hat die Gemeinde die riesige Ruine an einen Immobilienentwickler veräußert, der mit der Sanierung von denkmalgeschützten Gebäuden vertraut ist. Zukünftig soll es hier neben Wohn- und Ferienwohnungen Gastronomie, Wellness und Co-Working-Spaces geben.

Naturlandschaft

Da weite Teile der Nordspitze der Insel Usedom jahrzehntelang abgesperrt waren und auch heute nicht frei zu betreten sind, konnte sich die dortige Flora und Fauna teils ungestört entwickeln. Große Flächen des einstigen Wissenschafts- und Militärkomplexes stehen unter Natur- und Landschaftsschutz, wie vor 100 Jahren, als dort – als eine der ersten Flächen in Deutschland – 1925 ein Schutzgebiet ausgewiesen wurde.

Mit der schrittweisen Schließung des Militärstandorts dehnte man den Schutzbereich 1993 und 2008 sukzessive aus. 7824 Hektar groß ist das heutige »Naturschutzgebiet Peenemünder Haken, Struck und Ruden«, wo jedes Jahr Tausende von Zugvögeln Station machen. Insgesamt hat man dort in den vergangenen Jahrzehnten mehr als 100 heimische Brutvogelarten und mehr als 250 Gastvogelarten dokumentiert.

In der Nähe des Flugplatzes befindet sich eine der größten Kormorankolonien entlang der deutschen Ostseeküste. Die markanten Vögel sind nicht überall beliebt, zumal sie sich in den vergangenen Jahrzehnten in Deutschland explosionsartig vermehrt haben. Wurden an der südwestlichen Ostseeküste in den 1980er Jahren etwa 5000 Brutpaare gezählt, hat sich die Zahl 30 Jahre später fast verdreifacht. Da jeder Vogel etwa 500 Gramm Fisch pro Tag verspeist, sind die Kormorane insbesondere für die Berufsfischerei in Mecklenburg Vorpommern ein existenzielles Ärgernis, deren Fangquoten bestimmter Fischarten teils niedriger sind als die Menge, die durch Kormorane gefressen wird. Europaweit sind durch den Kormoran mehr als 50 Fischarten bedroht. Seit einigen Jahren werden nun mithilfe von Sondergenehmigungen und

Landesverordnungen verschiedene Versuche angestellt, um den Bruterfolg der geschützten Vögel zu reduzieren und so das weitere Anwachsen der Population zu verhindern.

2012 übertrug die Bundesanstalt für Immobilienaufgaben (BImA) ein 2100 Hektar großes Gebiet an die Deutsche Bundesstiftung Umwelt (DBU), um das Gelände dauerhaft für den Naturschutz zu sichern und weiterzuentwickeln. Durch die umfassende Unterschutzstellung des gesamten Geländes soll die dort vorhandene Artenvielfalt den zukünftigen Generationen erhalten bleiben. Mit der Übertragung »erbte« die DBU gleichzeitig zahlreiche Ruinen und Hinterlassenschaften aus der Zeit der Erprobungs- und Entwicklungsstelle, die nur im Rahmen von geführten Exkursionen zu besichtigen sind, da ansonsten das Betreten des Areals nach wie vor verboten ist.

Naturlandschaft Peenemünde: Schilfgürtel (o.), Kormorankolonie (M.) und Warnung vor Altlasten (u.)

Insel Ruden

Nördlich der Insel Usedom befinden sich zwei kleine Eilande: der Ruden und die Greifswalder Oie. Sie wurden beide in der NS-Zeit als Nebenstandort der Peenemünder Anlagen ausgebaut und für wissenschaftliche und militärische Zwecke genutzt.
Auf dem Ruden baute man 1940 für die Heeresversuchsanstalt Peenemünde einen massiven und weithin sichtbaren rot geklinkerten Mess- und Beobachtungsturm, von dem aus man die Flugbahn der abgeschossenen Raketen verfolgen konnte. Ähnliche Türme wurden damals entlang der ganzen Ostseeküste in östlicher Richtung errichtet – ihre Überreste sind teils noch heute an der polnischen Küste zu entdecken –, um die Flugbahn der Fernrakete überwachen zu können. Zur Absicherung der Anlagen wurde auf dem Ruden ab 1943 eine Flugabwehrbatterie aufgebaut, deren Überreste vom Turm aus zu sehen sind.

Der ehemalige Messturm, 2012

Auch zu DDR-Zeiten wurde die Insel militärisch genutzt: Bis 1990 befand sich hier ein Posten des 1. technischen Beobachtungszuges der Grenztruppen der DDR, die die Staatsgrenze absicherten – auch um Fluchtversuche aus der DDR zu unterbinden – und sowohl den zivilen als auch den militärischen Schiffsverkehr überwachten.
Im ehemaligen Beobachtungsturm ist ein kleines Museum zur Geschichte der Insel, den Vorgängen während des Zweiten Weltkriegs sowie zur heimischen Flora und Fauna eingerichtet. Von der Aussichtsplattform auf dem Dach hat man einen herrlichen Blick über den Greifswalder Bodden und hinüber zu den benachbarten Inseln Rügen, Usedom und der Greifswalder Oie. Wegen einer maroden Hafenkante konnte die Insel 2017 und 2018 nicht von Fahrgastschiffen angelaufen werden. Seit der Sanierung des Hafens 2021 ist die Insel als Teil des Nationalen Naturerbes wieder für Tagesgäste erlebbar.

Ehemaliger Turm der Lotsenstation auf dem Ruden, 2013

Insel Greifswalder Oie

Die Insel Greifswalder Oie haben nicht erst die Nationalsozialisten für ihre Zwecke entdeckt. Aufgrund ihrer exponierten Lage in der Zufahrt zum Greifswalder Bodden gibt es seit Mitte des 19. Jahrhunderts dort einen Leuchtturm, dessen Grundstein 1853 der Preußenkönig Friedrich Wilhelm IV. legte. Nur zwei Jahre später wurde der fast 39 Meter hohe Leuchtturm in Betrieb genommen und ist es bis heute – wenn auch inzwischen unbewohnt und automatisiert. Die Greifswalder Oie war intensiver als der Ruden in die militärisch-wissenschaftlichen Zwecke der Peenemünder Anlagen eingebunden. Hier entstanden – wie auf Usedom, wenn auch in kleinerem Umfang – ab 1937 erste Abschussstellen. Von dem einstigen Startplatz der A 4 sind noch geringfügige Reste vorhanden.

Nach dem Zweiten Weltkrieg war die Insel ebenfalls Sperrgebiet. Die Volksmarine unterhielt hier einen Beobachtungsposten. Ab den 1970er Jahren war auf der Greifswalder Oie auch der volkseigene Betrieb »VEB Forschungsstelle für Bienenwirtschaft« präsent, dem die abgeschiedene Insellage ideale Bedingungen bot.

Seit 1993 kümmert sich der Verein Jordsand e.V. um die Insel, die nun in begrenztem Rahmen zugänglich ist. Auf dem kleinen Eiland befindet sich ein Wanderweg, der vom Hafen bis zum Leuchtturm an der Nordspitze führt und für Besichtigungstouren bestens geeignet ist. Tagesausflüge mit dem Schiff können wie bei der Insel Ruden in Peenemünde gebucht werden. Auch hier empfiehlt sich besonders in den Sommermonaten eine rechtzeitige Reservierung.

Der Leuchtturm auf der Greifswalder Oie, 2012

Karlshagen

Zwischen den heutigen Ortschaften Trassenheide und Karlshagen befand sich in der NS-Zeit ein großes Gemeinschaftslager des Peenemünder Raketenstandortes. Beim britischen Luftangriff im August 1943 wurde durch einen Markierungsfehler der Royal Air Force auch das Barackenlager Trassenheide getroffen. Zu diesem Zeitpunkt war das Lager mit ungefähr 4000 Menschen belegt. Von ihnen sind bei dem Bombardement mehr als 300 ums Leben gekommen (→ S. 24). Die Toten wurden in

Im Zentrum der Gedenkstätte Karlshagen: das dreiteilige Mosaik von Klaus Rößler, 2013

einem Massengrab an der Straße nach Karlshagen beigesetzt. Wie viele Menschen das Lager Trassenheide insgesamt durchlaufen haben, ist nicht überliefert, da Unterlagen, die darüber Auskunft geben könnten, in den letzten Kriegswochen vernichtet wurden.

Häuser der Werkssiedlung aus den 1930er Jahren, 2010

Kurz vor dem Ortseingang des heutigen Ostseebads befindet sich direkt an der Hauptstraße die am 8. Mai 1970 eingeweihte Mahn- und Gedenkstätte Karlshagen, die an die ermordeten KZ-Häftlinge erinnert. Im Mittelpunkt der Gedenkstätte steht eine hohe Bildwand mit einem dreiteiligen Mosaik des Künstlers Klaus Rößler. 1994/95 wurde die Gedenkstätte umgestaltet und mit einer weiteren Gedenktafel versehen. Der angeschlossene Friedhof und die frei zugängliche Mahn- und Gedenkstätte Karlshagen erinnern zum einen an die zumeist namenlosen Opfer des Barackenlagers Trassenheide und zum anderen an die Wissenschaftler und Werksangestellten sowie stationierte Soldaten, die ebenfalls in und um Peenemünde bei den Bombenangriffen starben.

In Karlshagen sind noch weitere historische Zeugnisse zu finden: Teile der ehemaligen Werkssiedlung des Peenemünder Komplexes (Häuser in der Waldstraße) sind ebenso erhalten wie die Neubaublöcke aus den 1970er Jahren für die Familien der NVA-Soldaten in der Straße der Freundschaft.

Entwicklung der Gemeinde Peenemünde

In den letzten zwei Jahrzehnten hat man in der Gemeinde Peenemünde zahlreiche Anstrengungen unternommen, um das touristische Angebot in der Region zu erweitern, und dazu ein umfangreiches Entwicklungskonzept erarbeitet, das bis 2020 umgesetzt werden sollte. Ein zentraler Aspekt betrifft das Image Peenemündes. Bislang ist das Historisch-Technische Museum (HTM) meist als Synonym für die Gemeinde wahrgenommen worden. Nun soll eine umfassende touristische Aufwertung der Region erfolgen. Zu diesem Zweck wurden bereits alte Militärflächen innerhalb des Ortes geschleift und sollen zukünftig neu bebaut werden. So geschehen etwa im Hafen, wo die alten Kasernen 2011 abgerissen wurden und neue Gebäude am Kai entstanden sind. Die geplante Umstrukturierung der differenzierten Vermittlung des historischen Erbes der Region (HTM, Denkmal-Landschaft etc.) wird unter anderem mithilfe eines Conservation Management Plans vertieft und vorangetrieben – erfolgreich, wenn man die steigenden Besucherzahlen als Maßstab nimmt.

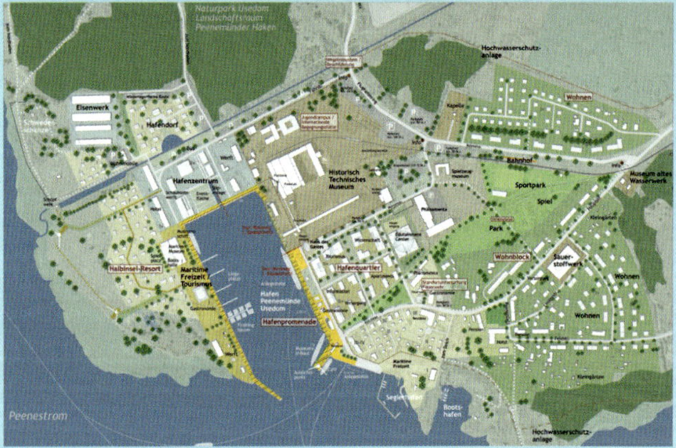

Entwicklungskonzept Peenemünde 2020: Masterplan für das neue Ortszentrum, 2013

Museen, Ausstellungen und Führungen

Denkmal-Landschaft
Ein Übersichtsplan findet sich auf dem Vorplatz des HTM Peenemünde und ist als kostenfreie Multimedia-App verfügbar. Der Weg ist ganzjährig ausgeschildert und benutzbar. Bitte die Witterungsverhältnisse beachten.

Historisch-Technisches Museum Peenemünde GmbH
Im Kraftwerk, 17449 Peenemünde
Telefon: +49 (0) 38371-505-0
www.museum-peenemuende.de
Öffnungszeiten: April – September: 10 – 18 Uhr, Oktober – März: 10 – 16 Uhr, November – März: montags geschlossen.
Dauerausstellung, wechselnde Sonderausstellungen und klassische Konzerte im Kraftwerk. Zudem regelmäßig Workshops und Camps sowie Vorträge zum historischen Areal und seiner Geschichte. Gruppenführungen und Projekttage auf Anfrage.

Informationszentrum West / Müggenhof
Müggenhof 1, 17449 Peenemünde
Telefon: +49 (0) 38371-28295
www.peenemuende-west.de
Öffnungszeiten: nach Vereinbarung
Dauerausstellung. Startpunkt zu Führungen und Exkursionen durch die Denkmal-Landschaft rund um Peenemünde inklusive Führungen zum ehemaligen Prüfstand VII im Sperrgebiet.

Marinemuseum Peenemünde
Fährstraße 9, 17449 Peenemünde
www.halbinsel-peenemuende.de
Öffnungszeiten: ganzjährig geöffnet
Neben dem Marinemuseum mit seinen Sonderausstellungen kann auch das Museumsschiff »Hans Beimler« besichtigt werden.

Literatur

Aumann, Philipp: Rüstung auf dem Prüfstand. Kummersdorf, Peenemünde und die »totale Mobilmachung«, Berlin 2015.

Bode, Volkhard / Kaiser, Gerhard: Raketenspuren. Waffenschmiede und Militärstandort Peenemünde, 10. Aufl., Berlin 2020.

Dornberger, Walther: Peenemünde – Geschichte der V-Waffen, Berlin 2008.

Erichsen, Johannes / Hoppe, Bernhard M. (Hg.): Peenemünde. Mythos und Geschichte der Rakete 1923 – 1989, Berlin 2004.

Feiler, Edelgard und Klaus: Die verbotene Halbinsel Wustrow. Flakschule – Militärbasis – Spionagevorposten, 8. Aufl., Berlin 2020.

Gildenhaar, Dietrich: Peenemünde-West. Eine dokumentierte Führung durch das Gelände der ehemaligen Erprobungsstelle der Luftwaffe und des NVA-Geschwaderflugplatzes, Ilmenau 2008.

Gildenhaar, Dietrich / Gildenhaar, Sven: Peenemünde-Ost. Eine dokumentierte Führung durch das Gelände der ehemaligen Heeresversuchsanstalt und der Volksmarine-Flottenbasis, Ilmenau 2013.

Historisch-Technisches Museum Peenemünde (Hg.): Zwangsarbeit für die Kriegsrakete, Peenemünde 2009.

Historisch-Technisches Museum Peenemünde (Hg.): NS-Großanlagen und Tourismus. Chancen und Grenzen der Vermarktung von Orten des Nationalsozialismus, Berlin 2016.

Historisch-Technisches Museum Peenemünde (Hg.): Wunder mit Kalkül. Die Peenemünder Fernwaffenprojekte als Teil des deutschen Rüstungssystems, Berlin 2016.

Kanetzki, Manfred: MiGs über Peenemünde – Die Geschichte des Jagdfliegergeschwaders 9 »Heinrich Rau« sowie der Zieldarstellungskette 33, 2. Aufl., Berlin 2014.

Kanetzki, Manfred: Operation Crossbow. Bomben auf Peenemünde, Berlin 2014.

Kaule, Martin: Mecklenburg-Vorpommern 1933 –1945. Der historische Reiseführer, Berlin 2016.

Kaule, Martin: Ostseeküste 1933 – 1945. Der historische Reiseführer, 5., akt. und erw. Aufl., Berlin 2018.

Schmidt, Leo/Mense, Uta K.: Denkmallandschaft Peenemünde. Eine wissenschaftliche Bestandsaufnahme – Conservation Management Plan, Berlin 2013.

Stüwe, Botho: Peenemünde West. Die Erprobungsstelle der Luftwaffe für geheime Fernlenkwaffen und deren Entwicklungsgeschichte, München 1995.

Wagner, Jens-Christian: Produktion des Todes – Das KZ Mittelbau-Dora, Göttingen 2001.

Dank

Ich danke allen Mitarbeitern im Ch. Links Verlag, die mir von Beginn des Projektes bis zur Fertigstellung tatkräftig zur Seite standen, ebenso danke ich meinem Lektor Dr. Stephan Lahrem. Zudem gilt mein Dank den Mitarbeiterinnen und Mitarbeitern des Historisch-Technischen Museums Peenemünde für die vielfältige Unterstützung.

Der Autor

Martin Kaule, Jahrgang 1979, 1999–2001 Studium zum Informatik-Betriebswirt an der Verwaltungs- und Wirtschaftsakademie Berlin, seit 2001 Fotodokumentation von »Orten der Zeitgeschichte«, seit 2005 Veranstalter von Tagesexkursionen und Reisen zu zeitgeschichtlichen Erinnerungsorten quer durch Europa, Gründungs- und Vorstandsmitglied des Vereins »Orte der Geschichte«.

Chronik

1936 Aufbau des Raketenzentrums in Peenemünde

1937 Erfolgreicher Start einer A 3-Rakete auf der Greifswalder Oie

1939 Baubeginn des Kraftwerks Peenemünde

1942 Erster erfolgreicher Start einer A 4-Rakete (V 2) vom Prüfstand VII

1943 Luftangriff der Royal Airforce auf die Peenemünder Anlagen

1944 Kriegseinsatz der V 1 und V 2

1945 Evakuierung des gesamten Areals und anschließende Demontage der Anlagen

1948 Nachnutzung des Flugplatzes durch Marineflieger der Sowjetarmee

1951 Ausbau des Militärhafens Peenemünde

1961 Übergabe des Flugplatzes an die NVA

1989 Peenemünde wird teilweise für die Öffentlichkeit geöffnet

1991 Eröffnung des Historisch-Technischen Informationszentrums (HTI) Peenemünde

1996 Die Bundeswehr schließt ihren Marinestandort

2010 Umwandlung des Informationszentrums zum Historisch-Technischen Museum (HTM)

2011 Abriss des ehemaligen Kasernenkomplexes am Hafen

2015 Eröffnung der Aussichtsplattform auf dem Kraftwerk

2017 Fertigstellung der neuen Hafenpromenade

2020 Mit der Sanierung der Fährstraße Abschluss des Vorhabens »Erneuerung Haupthafen Peenemünde«